NOUVEAU

DISCOURS

A L'OCCASION

DU 8ᵉ ANNIVERSAIRE DE LA NAISSANCE

DE S. A. R. MONSEIGNEUR

LE DUC DE BORDEAUX.

IMPRIMERIE ANTHELME BOUCHER,
RUE DES BONS-ENFANS, N°. 34.

S. A. R. Henri-Charles-Ferdinand-Marie-Dieudonné,

DUC DE BORDEAUX,

Né le 29 Septembre 1820.

NOUVEAU

DISCOURS

A L'OCCASION

DU 8ᵉ. ANNIVERSAIRE DE LA NAISSANCE

DE MONSEIGNEUR

LE DUC DE BORDEAUX,

ORNÉ D'UN PORTRAIT DE S. A. R.

PAR S. N. CARTIER-VINCHON,

DE PLUSIEURS ACADÉMIES.

PARIS.

DELAFOREST, LIBRAIRE, PLACE DE LA BOURSE,

RUE DES FILLES SAINT-THOMAS, Nᵒ. 7.

1828.

NOUVEAU

DISCOURS[*]

A L'OCCASION

DU 8ᵉ. ANNIVERSAIRE DE LA NAISSANCE

DE S. A. R. MONSEIGNEUR

LE DUC DE BORDEAUX.

Sous le tiède soleil des régions du nord, comme dans les climats riants soit de l'Europe, soit de l'Asie : dans toutes ces vastes contrées où les hommes raisonnables et sages ont confié leur gouver-

---

[*] En 1823, l'auteur prononça, sur le même sujet, en présence d'une société aussi nombreuse que bien choisie, un discours qui fut vivement applaudi; mais qui lui valut les persécutions de la police déplorable de cette époque.

nement à des rois, le respect et l'affection héréditaires environnent le trône du monarque. Les innombrables familles dont l'ensemble compose l'État, regardent le prince comme le père commun de tous ses sujets. Et, convaincus par leur propre expérience qu'une semblable réunion de volontés en faveur d'un seul homme, qu'une si vaste obéissance, consentie par tant de caractères divergens et naturellement absolus, tient du surnaturel et du prodige, les nations ne balancent pas à voir le doigt de Dieu dans l'existence des monarchies, et une mission tout-à-fait divine dans la haute magistrature des rois.

Ce noble et généreux sentiment, ignoré des hordes errantes et sauvages, a fait, depuis mille et mille siècles, le bonheur des peuples civilisés. Chez ces peuples fidèles et soumis, le monarque n'a qu'à se montrer, et il entend retentir autour de lui les tendres acclamations de l'amour filial et de la reconnaissance. Une affliction personnelle, une maladie subite viennent-elles apporter l'épouvante ou le deuil dans son palais?... Cette épouvante, cette consternation, franchissent aussitôt le seuil de ce palais devenu funèbre, et les capitales et les provinces en frémissent et versent des pleurs.

Ce prince, favorisé de la nature, a-t-il reçu de cette main libérale et propice la beauté corporelle et les charmes si utiles de l'extérieur ? les peuples enthousiasmés accourent sur son passage ; ils recherchent cette douce présence comme un spectacle flatteur pour leur amour-propre et en quelque sorte nécessaire à leur félicité.

Lorsque Louis-le-Grand, par la mort du cardinal, son habile tuteur et son premier ministre, saisit enfin les rênes de l'État, il n'avait pas encore atteint sa vingt-deuxième année. Tendrement dévoué à la reine, sa mère, il s'était fait une loi de respecter lui-même son administration et sa régence ; et quoique le désir et le noble instinct de la gloire bouillonnassent dans son cœur, il avait voulu enseigner aux Français la modération et l'obéissance par sa propre obéissance et sa modération. Il avait feint de s'ignorer lui-même pour que tout le monde l'ignorât. Plein d'honneur et de reconnaissance, comme le sont tous les grands cœurs, il avait voulu que le sceptre demeurât aux mains généreuses qui l'avaient fait servir de bouclier à son berceau, et qu'Anne d'Autriche, mère d'un roi de vingt-un ans, prouvât au monde entier, par sa puissance conservée et par les respects de son fils, combien elle avait mérité de porter et de défendre une couronne, puisqu'un jeune héros s'en abstenait pour la consolider sur le front maternel.

Les hommes attentifs, les esprits judicieux, véritables appréciateurs des grands hommes, ont toujours admiré ce noble désintéressement dans la belle carrière de Louis XIV : ils y ont vu la base de sa politique, et la cause féconde de toutes ses actions d'éclat. Il avait grandi au milieu des camps, occasionnés par les agitations civiles. De bonne heure, son jugement avait remarqué cette fièvre d'insubordination que les Frondeurs de ce temps-là ne voulaient peut-être pas exagérer jusqu'à la révolte ; mais il en est de la santé des nations comme de la santé des individus : si elle s'altère, il ne faut pas que ce soit pour long-temps. Le mal physique et le mal moral sont exterminateurs de leur nature, et les médecins de l'un et de l'autre sont tenus d'accourir promptement et de se hâter.

Louis rétablit donc l'ordre public en offrant sa conduite et son exemple aux simples individus ; et les Français, imitateurs par caractère, mirent l'obéissance et le devoir à la mode, pour se conformer au goût de leur jeune roi.

Il est donc aisé de le voir : ce ne fut point par la terreur de ses volontés, mais par l'aimable ascendant de son caractère, que Louis-le-Grand soumit à son sceptre et à son char tous les dissentimens et tous les partis.

Ce premier avantage remporté, cette victoire morale devenue incontestable, le monarque se développa rapidement dans la carrière du génie et de la gloire, comme ces beaux soleils des journées printannières, qui, vainqueurs des brouillards du matin, montent avec aisance dans les régions du firmament, et couvrent bientôt de leur éclat la nature entière.

La naissance de ce prince illustre, destiné à réhabiliter le pouvoir royal et la supériorité du gouvernement monarchique, la naissance de ce prince, demandée au ciel pendant vingt années, fut enfin accordée à la nation, qu'il devait pacifier et immortaliser par-dessus toutes les autres.

La capitale, dans l'ivresse de sa joie, donna le spectacle prolongé d'un enthousiasme sans bornes. Les travaux furent suspendus ; les tribunaux oublièrent, durant plusieurs jours, et les noms des plaideurs et les forfaits des grands coupables. Par un secret pressentiment, les villes et les hameaux célébrèrent l'avènement du *père de la patrie ;* et la naissance du petit-fils fit verser autant de larmes d'allégresse, que la mort de l'aïeul avait fait couler de pleurs et pousser de soupirs.

Cette circonstance de notre histoire rappelle à tous les esprits et offre à toutes nos méditations la naissance de ce nouveau Dieu-Donné, que notre patrie en deuil reçut, il y a huit ans, des mains de la Providence elle-même.

Moins heureux que Louis XIV, le jeune prince dont je parle n'a jamais vu le tendre sourire d'un père. Orphelin avant de participer à la vie, il est né dans un palais arrosé de larmes, dans des appartemens tendus de deuil ; et les réjouissances publiques sont venues interrompre et violenter, pour ainsi dire, le triste recueillement d'une auguste famille qui semblait ne vouloir plus vivre que parmi les cyprès.

Aussi heureux que Louis XIV, notre Dieu-Donné a reçu du ciel, pour indemnité dans ses malheurs, une mère plus occupée du salut de son cher enfant que de sa propre conservation et de son existence ; une mère qui, à peine sortie de son adolescence, a connu toutes les tribulations de la vie ; et, sans nulle préparation pour de si violentes secousses, a su trouver en elle-même cette ferme attitude et cette vigueur de résolution qui élèvent les grands de la terre au-dessus des plus grands périls ; une mère qui s'est acquis, par sa clémence, un empire durable sur tous les cœurs, et, par son courage inouï, l'admiration du peuple et le tendre dévoûment de nos armées ; une mère en qui la France reconnaît toute la magnanimité des Bourbons et toute la sagacité de la maison d'Autriche.

Il n'est point permis d'en douter : le noble, l'auguste enfant venu de son sein, réserve aux Français les touchantes perfections de sa mère. La nature a été généreuse et fidèle dans cette royale combinaison : les soins et les travaux de l'éducation qui s'exécute sous nos yeux ne tarderont pas à mettre dans toute leur perfection et dans tout leur éclat les libéralités du sang et de la nature.

Semblable à ce jeune lis, votre emblème, dont vous avez et l'élégance et la candeur, croissez, montez, élevez-vous promptement, aimable fils de Berri et de Caroline ; paraissez au milieu de cette cour qui vous observe à votre insu, et dont l'impatience attend le jour qui la fera jouir de votre présence.

Aux esprits bien nés, il ne faut pas des études aussi prolongées qu'aux autres mortels ; et vous savez déjà, malgré la faiblesse de votre âge, ce qu'entrevoient à peine, en des rangs inférieurs, les jeunes Français, vos contemporains. Cette instruction prématurée, vos maîtres l'accordent aux exigences de votre noble avenir, de ce rôle éclatant et suprême, pour lequel tant de provisions seront nécessaires et tant de lumières indispensables. Vous commanderez un jour à trente millions d'hommes, parmi lesquels des milliers nombreux d'ignorans auront sans cesse besoin de votre capacité : en même temps que les hommes de la science et de l'habileté jugeront chaque jour et apprécieront la vôtre. Pour obtenir le respect et la confiance des premiers, vous serez tenu d'être au-dessus d'eux par les talens, et pour contenir la fougueuse indépendance des beaux esprits, il vous faudra leur prouver que vous les estimez par une sorte de ressemblance, et que vous êtes leur souverain à tous égards. Jeune Prince, vos maîtres habiles vous l'ont déjà dit, et je ne fais probablement que le redire après vos maîtres : l'instruction d'un chef d'empire doit être universelle ; et s'il est surpris dans l'ignorance d'une partie quelconque, il déchoit. Ailleurs, c'est-à-dire en tout autre position, il est permis de ne s'approvisionner que pour son usage : mais sur le trône, magistrature immense et universelle, l'acquisition doit être immense et universelle comme lui. Un souverain, qui faisait construire un petit palais, dont il désirait vivement la jouissance, se fit conduire tout-à-coup devant l'édifice, afin d'exciter par sa présence l'activité des ouvriers. A son aspect, les architectes respectueux se présentèrent, et déroulant le plan général de leur édifice, ils commençaient à en expliquer les formes extérieures et les divisions. *Messieurs*, leur dit le prince, à haute voix, *je vous tiens quittes de ces soins, et vous m'épargnerez, s'il vous plaît, ces détails : je ne me connais point en architecture.* Tous les ouvriers entendirent la naïveté de cette réponse, et à un premier mouvement général de surprise succédèrent les plus défavorables réflexions, lorsque les contraintes du respect ne s'y opposèrent plus.

Quelle différence d'un tel prince à Louis XIV ! Très jeune encore, il ordonna l'achèvement du

Louvre, monument admirable commencé par les derniers des Valois. Le cavalier Bernin, célèbre dans toute l'Europe, fut appelé d'Italie à grands frais; et Louis, tout en le comblant d'honneurs, ne crut pas devoir étouffer la réclamation généreuse de ses propres artistes, qui demandaient à concourir, et se voyaient, avec douleur, comme anéantis par le superbe étranger. Le jeune roi, plein de politesse, sollicita l'agrément du cavalier Bernin. Les pièces du concours furent déposées et exposées dans la galerie d'Apollon; et Louis, accompagné de tous les grands, s'y transporta, décidé à tout voir par lui-même, et à juger d'après son goût. Sage et mesuré, il observa tous les plans l'un après l'autre, revint jusqu'à trois fois devant le numéro qui lui offrait la superbe colonnade, et dit à M. Colbert : *Si le chef-d'œuvre que voilà est du cavalier Bernin, j'en aurai de la joie ; mais quel qu'en soit l'auteur, je me prononce pour celui-là.*

Admirable décision de Louis, vous affligeâtes jusqu'à la désolation un artiste, jusqu'alors sans rival en Europe *, mais vous pénétrâtes de re-

---

* Pour consoler l'étranger fameux, le roi lui fit compter 3oo,ooo francs; et on le reconduisit jusque sur la frontière, avec les carrosses de la cour.

connaissance tous les architectes français; vous élevâtes leur émulation jusqu'aux rares conceptions du génie, et pour vous plaire ils surent concevoir depuis et mettre à exécution tous ces chefs-d'œuvre qui ont fait la gloire de votre règne et du nom français.

« Ce prince, nous dit la comtesse de Caylus,
» dans ses *Souvenirs,* était profondément ins-
» truit sur toutes les matières; et lorsque l'oc-
» casion l'exigeait, il étonnait les plus savans,
» qu'il charmait, en outre, par sa manière de
» s'exprimer et par son éloquence. » Il serait, on ne peut pas plus aisé, de multiplier, à cet égard, les exemples : je ne citerai que le trait suivant. Un officier du génie, le fameux *Riquet de Bonrepos,* conçut le projet d'unir, par un canal, les eaux de l'Océan à la mer Méditerranée. Après de longues études préparatoires, il dressa son plan, et sa probité ne lui permit pas de dissimuler les obstacles locaux, et conséquemment la dépense, au ministre : ce ministre était l'économe et prudent Colbert. La crainte de gêner le trésor lui fit perdre de vue l'importance commerciale de cette opération. Il mit ce projet au rang des *idées chimériques* ; et la glaciale dureté de sa réponse brisa le cœur de l'officier. On lui con-

seilla de s'adresser au roi lui-même, dont on lui garantit et la douceur de caractère, et l'amour éclairé des talens. Riquet, presque sans espoir, consentit à faire une si hasardeuse démarche; et sa démarche, secondée par un intermédiaire officieux, réussit complètement. « J'ai lu votre
» mémoire, lui répondit Louis de sa propre
» main; j'ai examiné soigneusement la carte que
» vous y avez annexée. Un semblable canal
» manque à mon royaume; et je serais bien aise
» de le voir exécuté. M. Colbert n'a pas de mau-
» vaises intentions; mais il ne vous avait pas
» bien compris. Adressez-vous à moi seul pour
» toute la suite de cette affaire; je vous soutien-
» drai jusqu'au bout. Exécutez d'abord la rigole
» d'essai : par elle on verra si la chose est réelle-
» ment praticable. Je fournirai à toute la dé-
» pense; et je vous protégerai contre les diffi-
» cultés des terrains *. »

Riquet de Bonrepos, avec une activité toujours croissante, et par des travaux qui semblaient au-dessus des forces humaines et de l'organisation matérielle du globe, conduisit à fin cette entre-prise, digne de Mécène et d'Auguste. Louis,

---

* Les propriétaires des terrains à traverser manquè-rent faire échouer l'entreprise : le Roi aplanit tout.

pour sa récompense, le créa comte de Caraman, et lui donna l'opulente propriété du canal des Deux-Mers, pour lui et sa postérité la plus reculée.

Jeune Prince, voilà les exemples que l'histoire va mettre incessamment sous vos yeux : c'est-à-dire qu'elle va réveiller les ombres majestueuses de vos aïeux, les invitant, en votre faveur, à se constituer vos précepteurs eux-mêmes. Louis IX, que l'Eglise vénère, et que le monde entier respecte, vous montrera la sage administration de son royaume, basée sur les principes de la modestie, de la bonne foi, de l'austère candeur. Ce prince, dont la piété ne cessa jamais d'être vigilante et impartiale, vous apprendra de quelle manière il faut enseigner aux peuples à respecter les ministres des autels, défenseurs indispensables du trône ; et vous le verrez toujours occupé à réprimer les scandales ou les empiètemens soit des lévites, soit des pontifes, bien persuadé que le sacerdoce, rendu à la véritable pureté, qui est son essence, devient alors aussi sacré aux yeux des hommes, qu'il paraît irréprochable aux yeux de Dieu.

Charles VI, d'une voix lamentable, vous rappellera les funèbres calamités de son règne, dont il fut l'auteur involontaire, et que sa condamnable famille envenima sans miséricorde, tant l'affreuse vengeance a d'attrait pour les mauvais cœurs.

Les nobles imprudences de François Ier. plairont, je n'en saurais douter, à votre jeune âge ; mais les plus brillans exploits, quand le seul désir de la gloire les fait éclore, ne sont point agréables à la renommée, et des triomphes teints de sang et arrosés des larmes publiques, ne sont point ceux qui constituent les héros. François Ier., rendu à lui-même, à ses réflexions utiles, à son goût dominant pour les arts, vous paraîtra plus digne de votre admiration et de vos suffrages. Les dernières années de son règne consolèrent un peu cette patrie généreuse, qui l'avait aimé dans tous les temps.

Dans les revers des derniers Valois, vous remarquerez la punition de bien grandes fautes. Fautes d'imprévoyance, de légèreté, de présomption, de faiblesse poussée jusqu'à l'oubli de la dignité royale ; car la royauté aussi est un sacerdoce : et le prince qui, foulant aux pieds toute pudeur, affiche les mœurs les plus corrompues, attire sur la majesté royale cette haine cor-rosive et ces imprécations des sujets, avant-cou-reurs des plus effroyables tempêtes.

Après cette guerre durable de la ligue, que le mépris public alimentait pour le moins autant que le fanatisme, le bon et valeureux Henri viendra consoler vos regards; mais il ne les con-solera que pour quelques instans : et toutes ses vertus, toutes ses adorables qualités ne serviront qu'à donner plus d'amertume à vos larmes.

Jeune Prince, qu'un si douloureux événement, qu'une catastrophe aussi lamentable, qu'un si triste sort et si peu mérité ne jette point votre esprit dans l'irrésolution et votre âme dans le découragement.

La nature vous appelle de loin à monter un jour sur le trône. Si cet immense fardeau vous est, en effet, imposé, lancez-vous avec confiance sur une mer dont les flots agités ont pu remar-quer quelques naufrages, mais dont les rivages tutélaires ont vu tant de milliers de vaisseaux en-trer joyeusement dans les ports. Tous vos succès dépendront de vous-même et de votre coup-d'œil. Sachez distinguer les divers genres de mérite : et prencz, de bonne heure, la résolution de ne vous entourer que de gens de bien. Cette haie vive est impénétrable. De pareils satellites sont plus forts que les grilles et les canons et les remparts. Henri IV, un peu trop enclin à la raillerie, avait offensé le vieux libertin d'Epernon ; et d'Epernon, assis auprès d'un bon roi qui ne comprit jamais la méfiance, consomma, si nous en croyons Saint-Foix, dans son histoire de *l'Ordre du Saint-Esprit*, le plus horrible sacrifice.

Apprenez, de bonne heure, aussi, à lire dans le cœur des hommes. Simple particulier, cette science vous serait avantageuse : elle vous est indispensable, si vous avez le malheur d'être roi.

Voyez celui qui vous tient lieu de père, et qui gouverne avec tant de sagesse les immenses états où la Providence l'a rappelé.

Sa longue et douloureuse expérience a formé son esprit à toutes les prévoyances ; et son âme, devenue robuste, s'est fortifiée contre toutes les atteintes et préparée à tous les coups. Dans les champs de l'abandon universel et de l'adversité, il comprit que les adulations exagérées sont une monnaie de convention, créée seulement pour la durée de la puissance, et que les flots des adulateurs, comme ceux de l'onde, ne connaissent aucun point fixe et fuient le sol qui chancelle, ou obéissent aux vents les plus impétueux. Du moment que la cruelle adversité lui fit voir à nu toutes les consciences humaines, il rectifia ses propres penchans, et se fit la violence de ne plus croire qu'au très petit nombre d'hommes bons.

Devenu le chef suprême de tous, et muni d'un conseil selon son cœur, il meut l'universalité, la place, la dispose suivant ce que sont les individus, et non pas toujours selon ce qu'ils devraient être. Il fortifie par des alentours ce qui serait trop peu consistant par soi-même. Il dérobe aux inévitables tentations les cœurs qu'il ne croit pas assez fermes de leur propre austérité. Il compose avec les opinions, et transige peut-être avec tels ou tels intérêts. Conduite habile et profitable, qui, sans avoir le brillant éclat de la domination, arrive lentement à des résultats plus assurés, et maintient la tranquillité publique, par la coopération de ceux-là même qui sauraient se passer de tranquillité.

Sous les yeux d'un monarque aussi prudent, aussi judicieux, votre jeunesse fera d'immenses provisions et de lumière et de science-pratique, et durant les jours de cette étude lente, insensible, progressive et impérissable, votre constitution se développera, acquérant à chaque instant de nouvelles forces. Sur vous, aimable enfant, reposent les espérances réunies et de votre famille et de tout un peuple. Vous leur fûtes accordé par une sorte de miracle ; votre conservation est un besoin universel. Votre caractère public et particulier est maintenant l'ouvrage auquel, après la Providence divine, plusieurs maîtres choisis et respectables travaillent nuit et jour, de concert.

La France, témoin de leur zèle, de leur tendresse, de leurs succès déjà connus, leur offre toute son estime pour récompense. Quels trésors pourraient jamais payer dignement le trésor qu'ils élaborent et qu'ils nous réservent !

De loin comme de près, la plus tendre des mères surveille cette précieuse éducation, et le désir de lui plaire est si vif dans votre jeune cœur, que l'espoir seul de son sourire ou de ses éloges est le puissant mobile qu'on oserait invoquer, s'il en était besoin auprès de vous.

Ascendant victorieux, qui assure à la mère la plus accomplie le crédit le plus durable et le mieux mérité; ascendant que la nature guide elle-même, et qui n'est autre chose que la mystérieuse sympathie des cœurs.

Fils de notre prince infortuné, vous promettez à nos soldats la brillante valeur de votre père; fils de Caroline, vous nous promettez son amabilité, son indulgence, sa politesse bienveillante, son aversion pour tout désordre et pour toute injustice; son amour du travail, son goût éclairé pour les arts, sa noble munificence pour les artistes, son respect pour les choses saintes, sa tendresse inépuisable pour les malheureux, sa reconnaissance pour tous les services rendus à l'État; vous nous promettez enfin un règne de gloire et de bonheur, puisque ce sont les vertus des rois qui font la première force des empires et la vénération constante des sujets.

Brillant avenir, que la France ne se plaît à considérer que dans la perspective, et que vous n'envisagerez jamais vous-même qu'avec ces pieux sentimens.

C.-V.

COUPLETS

PUBLIÉS

A LA NAISSANCE DE S. A. R. MONSEIGNEUR

LE DUC DE BORDEAUX.

Et exultabit solitudo et florebit quasi lilium.
ISAÏE.

AIR : *Du Premier pas.*

FILS de BERRI,
Doux espoir de la France ,
Astre naissant, des Rois enfant chéri,
Sois pour jamais modèle de vaillance ,
De loyauté, d'amour et de clémence ,
Tout comme HENRI.

Fils de BERRI ,
Que le Ciel plus prospère ,
De ton berceau chasse tout ennemi ;
Long-temps guidé par sa main tutélaire ,
Dois tes vertus à ta céleste mère ,
Tout comme HENRI.

Fils de Berri ,
Si la Ligue en furie
S'éveille et meurt sous ton bras aguerri ,
Oh ! venge-toi , venge-toi , je te prie ,
Par le bonheur de ta belle patrie ,
Tout comme Henri.

Fils de Berri ,
Visitant la chaumière ,
L'infortuné deviendra ton ami ;
Tu lui tendras la main comme ton père ,
Qui fut béni de l'enfant , de la mère ,
Tout comme Henri.

Fils de Berri ,
Quand le Français t'appelle ,
Si l'Éternel te présente un Sully ,
En l'écoutant récompense son zèle ,
Pour toi , pour lui , pour un peuple fidèle ,
Tout comme Henri.

Fils de Berri ,
Dans mon humble ermitage
Par vos bienfaits d'une fleur embelli ;
Chaque matin je veux que ton image
De mes enfans reçoive un tendre hommage ,
Tout comme Henri.

Fils de BERRI,
Quel fortuné présage !
En t'embrassant, Louis te nomme HENRI.
Ainsi que lui, sois juste, bon et sage ;
Que nos neveux bénissent d'âge en âge
LOUIS, HENRI.

CHANT FRANÇAIS *.

FRANÇAIS, tous nos vœux sont remplis ;
Au Roi que l'Univers admire,
A CHARLES DIX, nos cœurs soumis,
Seront heureux sous son empire.
Guidé par la gloire et l'honneur,
Vers lui tout son peuple s'élance,
Chantant, avec l'accent du cœur :
Vive le Roi ! vive la France !

* Musique de Lafond, chez Maurice Schlesinger.

Quand sonnait l'heure des combats
Voyez nos braves si paisibles,
La terreur devançait leurs pas,
Ils mouraient pour être invincibles ;
Mais dans les loisirs de la paix
Le cœur ému, pleins d'espérance,
Tous répètent le cri Français :
Vive le Roi! vive la France !

Salut à nos jeunes soldats !
Salut à nos vieilles cohortes !
CHARLES peut compter sur leurs bras,
Si l'ennemi frappe à nos portes.
Entre nous plus de différent,
Vivons en bonne intelligence,
Français, prenons pour rallîment
Vive le Roi ! vive la France !

CARTIER-VINCHON.